Volle Kraft auf Weihnachten

Jetzt freuen wir uns auf die Weihnachtssaison! Kompensiert doch diese Zeit all das, was sich an Hoffnungen und Erwartungen für das Jahresende aufgespart hat! Umso motivierter und voller neuer Ideen wollen wir Euch mit allem versorgen, was dafür notwendig ist, damit es eine erfolgreiche Verkaufszeit für Euch wird!

Insofern geben die Laden- und Warenpräsentationen sowie die dazu passenden Werkstück-Anregungen wichtige Hinweise für ein neues, stimmungsvolles und vor allem abverkaufstarkes Erscheinungsbild! Unsere Winterstrauß-Ideen sparen nicht mit Charme, sodass die Begeisterung seitens Eurer Kunden für diese trendigen Kreationen vorprogrammiert ist. Und darüber hinaus liefert so manche handwerklich-natürliche Gestaltungsidee das Quäntchen Besonderheit, was Kunden unbewusst suchen aber damit auch gezielt bei Euch finden können!

Einen kurzen Bericht der Deutschen Meisterschaft der Floristen (DMF), die Mitte August in Berlin stattfand, findet Ihr auch in dieser Ausgabe. Der neue deutsche Meister der Floristen heißt Christopher Ernst. Wir sind gespannt, welche Impulse für die Branche von ihm ausgehen werden!

Wir wünschen Euch viele gute Anregungen und eine starke Weihnachtszeit!

Hella Henckel, Michael Sutmöller und das PRAXIS-Team

Inhaltsverzeichnis

Saisonfloristik
Winterlanger Blühzauber mit Amaryllis 04

Geschenkefloristik
Festtagsfreude 12

Floristik in Serie
Es weihnachtet – aber nachhaltig! 22

Tischschmuck
Sterne für den Tisch 30

Dauerhafte Floristik
Kreative Kerzenhalter 38

Businessfloristik
Adventskränze fürs Office 44

Sträuße
Sträuße im „Christmas Silence"-Style 50

Pflanzungen
Helleborus im natürlichen Look 54

Branche
DMF – Deutsche Meisterschaft der Floristen...... 62

Produktinformationen
Amaryllis von AmaryllisInfo 66
Verkaufskonzept „Festtagsfreude" von Landgard... 68
Floristikbedarf von Smithers-Oasis 70
Schnittblumen von FleuraMetz 72
Weihnachtssterne von Stars for Europe 74
Helleborus von Kwekerij Verboom 76

Hinweise

! **Tipps, Anmerkung und/oder zu beachtende Fakten**

» **Informationen zu den Herstellungsschritten**

1 **Nummerierung in Verbindung mit Bild und Text**

Alle Angaben beziehen sich, wenn nicht anders angegeben, auf ein Werkstück.

Die Fertigungszeiten orientieren sich, außer bei Einzelwerkstücken wie Brautstrauß und Kranz, an der Serienfertigung. Kundenberatungszeiten sind nicht enthalten.

Weil die Fotoproduktionen in der Regel wenige Wochen vor Erscheinen jeder Ausgabe liegen, ist nicht immer die zur Saison gehörende Frischware erhältlich.
In diesen Fällen greifen wir auf Textilblumen, Kunststofffrüchte etc. zurück, ohne jedoch die gestalterische Wirkung und die für Frischblumen notwendige Technik zu verändern.

facebook.com/blooms.pro
pinterest.com/bloomsmedien
instagram.com/blooms_medien

Winterlanger Blühzauber mit AMARYLLIS

Winterlange Freude erblüht mit den prächtigen Blüten der Amaryllis in vielen Formen und Farben. Von der Knospe bis zur endgültigen Entfaltung der meist drei bis fünf Blüten pro Stängel bietet diese bezaubernde Blume einen wahren Genuss des Miterlebens.

Hippeastrum Cultivar 'Challenger', 'Severnina', 'Mocca', 'Sweet Nymph' (alles AmaryllisInfo) · *Ilex aquifolium* · *Ilex verticillata* · *Larix decidua* · *Picea abies* · *Pinus mugo* · *Pinus nigra* · *Pseudotsuga menzisii* · Flechtenzweige

Steckdraht, Zierdraht (beides BUCO) · Gefäß (D&M) · Strohrömer

Zeit 20 min · **Höhe** 70 cm · **Durchmesser** 45 cm

Dekorationselemente im Bild: Tisch (Gasper)

Hippeastrum Cultivar 'Challenger', 'Irina' (beides AmaryllisInfo) · *Larix decidua* · *Picea abies* · *Pinus nigra* · *Pinus peuce* · *Pinus pinea* · Moos · Lichenmoos · Flechtenzweige

Wickeldraht, Myrtendraht (beides BUCO) · Gefäß (D&M) · Papprolle

Zeit 18 min · **Höhe** 68 cm · **Durchmesser** 30 cm

alle Angaben für ein Werkstück

Dekorationselemente im Bild: Kerzenhalter (Hübsch)

1 Zunächst die Fichtenzapfen mit Wickeldraht zu einer Kette dicht an dicht aneinander drahten. 2 Dann diese Kette um eine Papprolle legen und mithilfe der Drahtenden fixieren. Eine zweite Kette auf das restliche Ende der Papprolle aufbringen. 3 Nun die Zwischenräume mit Moos ausfüllen und einige Zweige parallel anlegen und andrahten. Die Zapfenröhre auf ein mit Wasser gefülltes Gefäß stellen und darauf fixieren. Zum Schluss die Amaryllen-Schaften durch die Röhre einstellen.

1

2

3

Clematis vitalba · *Hippeastrum* Cultivar 'Dance Valley', 'Sweet Nymph' (beides AmaryllisInfo) · *Larix decidua* · *Picea abies* · *Pinus mugo* · *Pinus nigra* · *Pinus pinea* · Zweige

Gefäß (Gasper) · Rebenbindegarn, Wickeldraht (beides BUCO)

Zeit 25 min · **Höhe** 110 cm · **Breite** 60 cm · **Tiefe** 38 cm

1 *Clematis*-Ranken zu einem Kranz winden und punktuell mit Rebenbindedraht aneinander fixieren. 2 Zweige durch den Kranz stecken, den Kranz daran andrahten und die Zweige auf das Gefäß klemmen. 3 Nun die Zapfen mit Wickeldraht im Kranz befestigen und die Amaryllen ins wassergefüllte Gefäß einfügen, sowie mit Kiefernzweigen ergänzen.

Hippeastrum Cultivar 'Autumn Valley', 'Irina', 'Mocca' (alles AmaryllisInfo) · *Ilex verticillata* · *Larix decidua* · *Picea abies* · *Pinus mugo* · *Pinus nigra* · *Pinus strobus* · *Pseudotsuga menzisii* · Flechtenzweige · Baumstammscheibe

Steckdraht, Wickeldraht, Bindestreifen (alles BUCO) · Glasgefäß

Zeit 30 min · **Höhe** 85 cm · **Durchmesser** 65 cm

Wie dieses Arrangement gefertigt wird, zeigt das Video unter:
blooms.de/winterzauber-amaryllis

Besonders stimmungsvoll zu den schmucken Amaryllen mit ihren blattlosen Schaften wird es, wenn die Glasvasen zum Teil mit Moos, Rinde oder Lichenmoos umwickelt sind.

Hippeastrum Cultivar 'Mocca', 'Severina' (beides AmaryllisInfo) · *Ilex verticillata* · *Pinus mugo* · Moos · Lichenmoos · Rinde

Zierdraht (BUCO) · Glaszylinder · Schnur (Vivant)

Zeit 10 min · **Höhe** 62 cm · **Durchmesser** 17 cm

Maßangaben für ein Werkstück

Galium aparine · *Hippeastrum* Cultivar 'Autumn Valley' (AmaryllisInfo) · *Larix decidua* · *Pinus strobus* · *Pseudotsuga menzisii*

Wellendrahtring, Steckdraht, Myrtendraht (alles BUCO) · Vase (Gasper) · Schnur

Floraltape (OASIS® Floral Products)

Zeit 15 min · **Höhe** 90 cm · **Durchmesser** 28 cm

alle Angaben für ein Werkstück

1

2

3

1 und 2 Die Zapfen auf ein Brett legen und anbohren, dann alle auf einen längeren Steckdraht ziehen, diesen zum Ring biegen und fixieren. 3 Den Wellendrahtring mit Tape umwickeln, den Zapfenring auflegen und die Zapfenenden auf diesen Wellendrahtring wickeln, sodass eine feste Scheibe entsteht. Diese andrahten. Die Amaryllis durch die Öffnung stecken, mit Schnur fixieren und mit den weiteren Werkstoffen die Scheibe gestalten.

Hippeastrum Cultivar 'Autumn Valley', 'Bouquet' (beides AmaryllisInfo) · *Ilex verticillata* · *Larix decidua* · *Picea abies* · Flechtenzweige

Wellendrahtring, Myrtendraht, Steckdraht (alles BUCO) · Vase (DutZ Collection) · Schnur

Floraltape (OASIS® Floral Products)

Zeit 25 min · **Höhe** 80 cm · **Durchmesser** 65 cm

1 Zwei unterschiedlich große Wellendrahtringe zunächst mit Tape umwickeln, dann die Flechtenzweige erst am großen Ring dann mit Abstand am kleineren Ring mit Draht befestigen. 2 Es soll eine trichterförmige Manschette entstehen. Diesen Trichter an drei Stellen mit Steckdraht andrahten und die Drähte unten zusammenführen. 3 Nun hier hinein die Amaryllen und weiteren floralen Bestandteile zum Strauß einfügen und unten mit Bast binden.

Helleborus orientalis · *Hippeastrum* Cultivar 'Arctic Nymph', 'Bouquet', 'Irina' (alles AmaryllisInfo) · *Ilex verticillata* · *Larix decidua* · *Picea abies* · *Pinus mugo* · *Pseudotsuga menzisii* · Flechtenzweige

Vase (Gasper) · Bast

Zeit 10 min · **Höhe** 76 cm · **Durchmesser** 70 cm

Dekorationselemente im Bild: Lampe (D&M), Pouf (Gasper)

» Zu den Produkten von AmaryllisInfo Info siehe Seite 66–67.

FESTTAGS FREUDE

Zum Jahresende verwandelt das Adventskonzept „Festtagsfreude" die Wohnung und den winterlichen Garten in eine stimmungsvolle Märchenlandschaft. Folkloristische Farben und Motive interpretieren im Zusammenspiel mit Saisonklassikern wie Amaryllis, *Helleborus,* Poinsettien, *Phalaenopsis, Chamaecyparis* und *Cyclamen* das Feiertagsthema einmal auf andere Weise – und wecken zugleich die Sehnsucht nach Spaziergängen durch den verschneiten Winterwald.

Alle Werkstücke werden mit den passenden Pflanzenlabels versehen. So wird deutlich, dass alles zusammengehörig in dieses Konzept passt.

Bereits der Warenaufbau mit dem Eyecatcher in Form eines Tannenbaums weist auf dieses Aktionsangebot am POS hin.

1 Für den Regal-Eyecatcher werden zwei Dreiecke aus Holz benötigt sowie Regalbretter, dazu Wandfarbe, mit der alles Waldgrün gestrichen wird. 2 Nach der Trocknung werden die gestrichenen Holzbretter zwischen die Dreiecke geschraubt. 3 Schließlich alle Bestandteile zum Regal zusammenfügen.

1

2

3

Geschenkefloristik

Abies nobilis, Abies procera, Gaultheria procumbens, Pinus pinea, Quercus ilex, Rosa Cultivar (alles Landgard) · Moos

Geschenkanhänger (Landgard) · Steckdraht, Wellendrahtring, Zierdraht (alles BUCO) · Kerze · Kerzenhalter · Wollschnur (Lehner) · Tontopf · Orchideenröhrchen

doppelseitiges Transparentklebeband (OASIS® Floral Products)

Zeit 10 min · **Höhe** 24 cm · **Durchmesser** 18 cm

Maßangaben für ein Werkstück

Dekorationselemente im Bild: Geschirr (ASA) · Schale (Gina Da by Ceramics Limburg)

1 Doppelseitiges Transparentklebeband auf den Tontopf kleben, die zweite Folie abziehen und diverse Grünwerkstoffe auf das Klebeband legen. 2 Diese Werkstoffe fest andrücken und mit Zierdraht umwickelnd fixieren. 3 Die Gaultherie in den Topf einsetzen, die Orchideenröhrchen in den Pflanzballen einstecken, mit Wasser auffüllen und hier die Rosenblüten einstellen. Den Wellendrahtring mit Wollschnur umwickeln, anschließend mit Steckdraht im Topf befestigen und letztendlich die Kerze mit Kerzenhalter auf den Ring klemmen.

Hippeastrum Cultivar, *Ilex verticillata, Picea abies, Pinus mugo, Quercus ilex* (alles Landgard)

Gefäß (Landgard) · Sterne · Glaskugel (Inge's Christmas Decor) · Steckdraht, Wickeldraht, Wellendrahtring (alles BUCO)

Floraltape, Heißkleber, Bindebast (alles OASIS® Floral Products)

Zeit 20 min · **Höhe** 45 cm · **Durchmesser** 45 cm

Dekorationselemente im Bild: Beistelltisch (Serax) · Schale (Gina Da by Ceramics Limburg)

Corokia cotoneaster, Cyclamen persicum, Pinus mugo, Pinus pinea, Moos (alles Landgard) · Granatapfel

Schale (D&M) · Sterne · Glaskugel (Inge's Christmas Decor) · Kerze (Wenzel) · Glasgefäß · Pflanzerde · Steckdraht (BUCO)

Heißkleber (OASIS® Floral Products)

Zeit 15 min · **Höhe** 45 cm · **Durchmesser** 50 cm

Hippeastrum Cultivar, *Ilex aquifolium, Malus floribunda, Phoenix dactylifera, Pinus nigra, Pinus pinea, Rosa multiflora, Rosa virginiana* (alles Landgard)

Schale, Geschenkanhänger (beides Landgard) · Glaskugel (Inge's Christmas Decor) · Holzspießchen · Splittstab · Steckdraht (BUCO)

Zeit 10 min · **Höhe** 75 cm · **Durchmesser** 27 cm

Dekorationselemente im Bild: Deko-Tannenbaum (Landgard) · Hocker (Gasper) · Tisch (Serax)

1

2

3

1 Die Zapfen anbohren und mit einem Splittstab oder Holzspießchen versehen. 2 Die Schale bepflanzen und die Zapfen einfügen. 3 Zieräpfel dabei ebenso auf Holzspießchen stecken und einarbeiten.

Euphorbia pulcherrima, Pinus pinea, Quercus ilex (alles Landgard)

Schale, Geschenkanhänger (beides Landgard) · Band (Goldina da Vinci artfleur) · Wollschnur (Lehner) · Strohrömer · Wickeldraht (BUCO) · Pflanzerde

Zeit 18 min · **Höhe** 48 cm · **Durchmesser** 55 cm

Dekorationselemente im Bild: Gläser (Landgard) · Tisch (Serax)

1 Die Triebe der Steineiche zurechtschneiden und auf die Kranzunterlage wickeln. 2 Diesen Kranz dann auf den Rand einer Schale legen und diese mit den Poinsettien bepflanzen. 3 Für die Quasten Piniennadeln zusammennehmen, diese mit Schnur umwickeln und am Kranz befestigen. Zum Schluss noch Bänder am Kranz anknoten.

Ilex aquifolium, Phalaenopsis Cultivar (beides Landgard)

Gefäß, Geschenkanhänger (beides Landgard) · Stern · Band (Goldina Da Vinci artfleur) · Steckdraht (BUCO)

Zeit 12 min · **Höhe** 52 cm · **Durchmesser** 24 cm

Chamaecyparis 'Toppoint', *Ilex aquifolium, Larix decidua, Malus floribunda, Pinus nigra, Pinus pinea, Quercus ilex* (alles Landgard)

Holzgefäß, Geschenkanhänger (beides Landgard) · Sterne · Lichterkette · Wickeldraht, Steckdraht (beides BUCO) · Holzspießchen

Heißkleber (OASIS® Floral Products)

Zeit 15 min · **Höhe** 53 cm · **Durchmesser** 20 cm

Helleborus niger, Pinus nigra, Pinus pinea (alles Landgard)
Wollschnur (Lehner) · Tontöpfe · Wickeldraht (BUCO)
Heißkleber (OASIS® Floral Products)
Zeit 20 min · **Höhe** 42 cm · **Durchmesser** 30 cm

1 Zwei Tontöpfe mit ihren Unterseiten aufeinanderkleben. 2 Wickeldraht von der Rolle abspulen, das Gespinst etwas zerknautschen und flächig um den Tontopf legen. 3 Nun die Piniennadeln in das Drahtgeflecht einfügen und festklemmen. Den unteren Bereich mit Wollschnur umwickeln und die Christrose einpflanzen.

» Zu den Produkten von Landgard siehe Seite 68–69.

Es weihnachtet – ABER NACHHALTIG!

Nicht nur die Floralien sollten nachhaltig produziert und gehandelt sein, auch die Steckbasen sollten diesen Anspruch erfüllen. Hier kommt alles in diesem Sinne zusammen, was den Kunden auch entsprechend vermittelt werden sollte.

Astrantia major, Eucalyptus exotica, Eustoma grandiflorum 'Rundo Bohemian Mocha', *Helleborus orientalis* 'Magnificent Bells', *Pinus sylvestris, Skimmia japonica, Vanda* Cultivar 'Leopard Coral' (alles FleuraMetz), außerdem: *Pinus nigra · Pteridium aquilinum*

Übertopf (Soendgen) · Glaskugel (Inge's Christmas Decor) · Holzstern · Gummiringe

OASIS® NatureSource™ Blumensteckschaum, Rebenbindedraht, Rohdraht geglüht (alles OASIS® Floral Products)

Zeit 10 min · **Höhe** 35 cm · **Durchmesser** 21 cm

alle Angaben für ein Werkstück

Chrysanthemum x grandiflorum 'Doria Salmon', *Eucalyptus exotica, Eustoma grandiflorum* 'Rundo Bohemian Mocha', *Helleborus orientalis* 'Magnificent Bells', *Papaver somniferum, Phoenix dactylifera, Pinus pinea, Vanda* Cultivar 'Sunanda Leopard Coral' (alles FleuraMetz), außerdem: *Pinus nigra* · *Pinus sylvestris* · *Pteridium aquilinum*

Schale (Gina Da by Ceramics Limburg) · Glaskugel (Inge's Christmas Decor) · Holzstern

OASIS® TerraBrick™ Floral Media (OASIS® Floral Media) Rohdraht geglüht, Wickeldraht geglüht, (beides OASIS® Floral Products)

Zeit 20 min · **Höhe** 19 cm · **Durchmesser** 36 cm

1 Zunächst den Wickeldraht großzügig abspulen und zu einem kleinen Ring formen. Diesen auf den Gefäßrand legen und die Kiefernnadeln kreuz und quer einstecken. 2 Nun den gewässerten TerraBrick™ Floral Media-Ziegel ins Gefäß einsetzen. 3 Zum Schluss mit den Floralien bestecken.

1

2

3

Chrysanthemum x grandiflorum 'Doria Salmon', *Eustoma grandiflorum* 'Rundo Bohamian Mocha', *Leucadendron* 'Safari Sunset', *Muehlenbeckia complexa, Papaver somniferum, Phoenix dactylifera, Pinus nigra, Vanda* Cultivar 'Sunanda Leopard Coral' (alles FleuraMetz), außerdem: *Pinus nigra* · *Pteridium aquilinum* · Rinde

Gefäß · Kerzenhalter · Kerze (Wenzel)

OASIS® NatureSource™ Blumensteckschaum, Rohdraht geglüht, Wickeldraht geglüht (alles OASIS® Floral Products)

Zeit 20 min · **Höhe** 65 cm · **Durchmesser** 25 cm

alle Angaben für ein Werkstück

1

2

3

1 Zunächst Rinde in Stücke schneiden, mittig anbohren und pyramidenförmig auf den Steckdorn eines Kerzenhalters aufstecken. 2 Den gewässerten NatureSource™-Steckschaum zuschneiden, in ein Gefäß klemmen und den Kerzenhalter mit Rinde einfügen. 3 *Muehlenbeckia*-Ranken um den Steckschaum herum mit Draht befestigen und die Blüten schließlich hinzustecken.

Chrysanthemum x grandiflorum 'Aljonka Salmon', *Helleborus orientalis* 'Magnificent Bells', *Lunaria annua, Nerine bowdenii, Papaver somniferum, Phoenix dactylifera, Picea abies, Pinus sylvestris, Skimmia japonica, Vanda* Cultivar 'Sunanda Leopard Coral' (alles FleuraMetz), außerdem: *Larix decidua* · *Platanus x hispanica* · *Pteridium aquilinum*

Gefäß (D&M) · Glaskugel (Inge's Christmas Decor) · Gummiringe

OASIS® TerraBrick™ Floral Media (OASIS® Floral Media) Rebenbindedraht, Rohdraht geglüht (beides OASIS® Floral Products)

Zeit 18 min · **Höhe** 37 cm · **Durchmesser** 36 cm

Wie dieses Werkstück gefertigt wird, zeigt das Video unter: **blooms.de/nachhaltigfloral**

Anthurium Cultivar 'Nutzia', *Berzelia abrotanoides*, *Gerbera* Cultivar 'Honey', *Papaver somniferum*, *Phalaenopsis* Cultivar 'Rising Sun', *Picea abies*, *Pinus sylvestris*, *Scabiosa stellata*, *Talinum paniculatum* 'Long John' (alles FleuraMetz), außerdem: *Larix decidua* · *Pteridium aquilinum* · Weide · Trockenzweig

Gefäß · Holzstern

Rebenbindedraht, Hühnerdraht, Rohdraht geglüht (alles OASIS® Floral Products)

Zeit 25 min · **Höhe** 85 cm · **Durchmesser** 75 cm

Anthurium Cultivar 'Fantasia', *Gerbera* Cultivar 'Honey', *Helleborus orientalis* 'Magnificent Bells', *Lunaria annua, Papaver somniferum, Picea abies, Pinus sylvestris, Protea magnifica, Talinum paniculatum* 'Long John' (alles FleuraMetz), außerdem: *Larix decidua* · *Pteridium aquilinum*

Gefäß (D&M) · Holzstern

Hühnerdraht (OASIS® Floral Products)

Zeit 15 min · **Höhe** 62 cm · **Durchmesser** 42 cm

1

2

3

1 Zunächst ein rechteckiges Stück Maschendraht zuschneiden und ins Gefäß einklemmen. 2 Nun die Zapfen senkrecht in die Öffnung klemmen, sodass sie ein Stück über den Rand hinausragen. 3 Gefäß mit Wasser füllen und zum Schluss die Blumen in die Zwischenräume einfügen.

Berzelia galpinii, Chrysanthemum x grandiflorum 'Doria Salmon', *Dipsacus fullonum, Eryngium* 'Sirius Questar', *Eucalyptus exotica, Helleborus orientalis* 'Magnificent Bells', *Leucadendron* 'Safari Sunset', *Papaver somniferum, Pinus sylvestris, Rosa* Cultivar 'Westmister Abbey', *Skimmia japonica, Vanda* Cultivar 'Tayanee White' (alles FleuraMetz), außerdem: *Pteridium aquilinum*

Gefäß (D&M) · Holzstern · Glaskugel (Inge's Christmas Decor)

OASIS® TerraBrick™ Floral Media (OASIS® Floral Media)
Wickeldraht (OASIS® Floral Products)

Zeit 18 min · **Höhe** 46 cm · **Durchmesser** 35 cm

Dekorationselemente im Bild: Vase (Klatt Objects)

1 Zunächst den Wickeldraht großzügig abspulen und zu einem kleinen Ring formen. 2 Diesen auf den Gefäßrand legen und die kurzgeschnittenen Mohnkapseln kreuz und quer einstecken. 3 Nun den gewässerten TerraBrick™ Floral Media-Ziegel ins Gefäß einsetzen und mit den Blumen bestecken.

Helleborus orientalis 'Magnificent Bells', *Papaver somniferum*, *Phalaenopsis* Cultivar 'Omega', *Pinus sylvestris*, *Talinum paniculatum* 'Long John' (alles FleuraMetz), außerdem: *Larix decidua* · *Pteridium aquilinum*

Holzstern · Glas · Gummiringe

Steckigel, Rebenbindedraht (beides OASIS® Floral Products)

Zeit 15 min · **Höhe** 62 cm · **Durchmesser** 38 cm

alle Angaben für ein Werkstück

» **Zu den Produkten von Smithers-Oasis siehe Seite 70–71 und den von FleuraMetz Seite 72–73.**

Eucalyptus polyanthemos · *Euphorbia pulcherrima* (Stars for Europe) · *Leucadendron salignum* · *Pinus mugo* · *Pinus nigra* · *Rosa virginiana*

Wachspapier · Glasröhrchen · Holzscheibe · Tackernadeln

Heißkleber (OASIS® Floral Products)

Zeit 18 min · **Höhe** 25 cm · **Durchmesser** 35 cm

Dekorationselemente im Bild: Tortenplatte, Geschirr, Wassergläser (alles ASA)

STERNE
für den Tisch

Eucalyptus polyanthemos · *Euphorbia pulcherrima* (Stars for Europe) · *Pinus mugo* · *Pseudotsuga menziesii* · *Rosa multiflora*

Wachspapier · Glasröhrchen · Tackernadeln · Dachlatte

Heißkleber (OASIS® Floral Products)

Zeit 18 min · **Höhe** 27 cm · **Breite** 60 cm · **Tiefe** 28 cm

Dekorationselemente im Bild: Kerzenhalter (Hübsch) · Geschirr, Wassergläser (beides ASA)

! Für die bessere Haltbarkeit des Schnitt-Weihnachtssterns und zum Schutz der anderen Floralien sollten die Schnittflächen kurz in 60 Grad heißes Wasser und anschließend in kaltes getaucht werden. Das verschließt die Schnittstelle.

» 1 Dachlatte zurecht sägen und im gleichmäßigen Abstand auf der Oberseite Löcher zum Einsetzen der Glasröhrchen hinein bohren. 2 Glasröhrchen einfügen und mit dem Heißkleber fixieren. Wachspapier in Stücke reißen, knäulen und einzeln seitlich neben die Glasröhrchen außen rundherum auf die Dachlatte tackern. 3 Wasser in die Glasröhrchen füllen und die Werkstoffe einstellen.

Tischschmuck

Bromelia Cultivar 'Red Paloma' · *Eucalyptus polyanthemos* · *Euphorbia pulcherrima* (Stars for Europe) · *Leucadendron salignum* · *Pinus nigra*

Pappbecher · Gießwachs · Sand

Blattglanzspray (OASIS® Floral Products)

Zeit 15 min · **Höhe** 28 cm · **Durchmesser** 18 cm

alle Angaben für ein Werkstück

Dekorationselemente im Bild: Geschirr (ASA)

1 Zunächst einen kleinen Pappbecher mit Blattglanz als Trennmittel einsprühen. Dann in einen größeren Becher etwas Wachs eingießen und dieses erkalten lassen, sodass ein kleiner Boden entsteht. Hierauf den kleineren Becher stellen und zur Beschwerung etwas Sand in diesen füllen. 2 Den Zwischenraum der Becher mit Wachs aufgießen und Kiefernnadeln rundum einstecken. Das Wachs anschließend fest werden lassen und die Becher entfernen. 3 Weitere Nadeln quer in das bestehende Nadelspalier einfügen, Wasser einfüllen und die Floralien zusammen mit dem kurz geschnittenen und an der Schnittstelle versiegelten Schnitt-Weihnachtsstern einstellen.

Euphorbia pulcherrima (Stars for Europe) · *Ilex verticillata* · *Malus floribunda* · *Nerine bowdenii* · *Pinus mugo* · *Pinus nigra*

Tauchwachs · Glas · Gummiring

Zeit 15 min · **Höhe** 30 cm · **Durchmesser** 26 cm

Maßangaben für ein Werkstück

Dekorationselemente im Bild: Geschirr, Wassergläser (beides ASA)

Bouvardia Cultivar · *Eucalyptus polyanthemos* · *Euphorbia fulgens, Euphorbia pulcherrima* (beides Stars for Europe) · *Ilex verticillata* · *Nerine bowdenii* · *Pinus mugo* · *Pseudotsuga menziesii* · *Rosa virginiana*

Gefäß (D&M) · Vierkantdraht (BUCO)

wasserfestes Klebeband (OASIS® Floral Products)

Zeit 15 min · **Höhe** 35 cm · **Breite** 50 cm · **Tiefe** 30 cm

Dekorationselemente im Bild: Geschirr, Tortenplatte, Wasserglas (alles ASA)

Eucalyptus polyanthemos · *Euphorbia pulcherrima* (Stars for Europe) · *Malus floribunda* · *Pinus mugo* · *Pinus nigra* · *Rosa multiflora*

Schalen · Gläser · Wollschnur · Teelichter (Wenzel)

Heißkleber, doppelseitiges Transparentklebeband (beides OASIS® Floral Products)

Zeit 8 min · **Höhe** 24 cm · **Durchmesser** 21 cm

Maßangaben für ein Werkstück

Dekorationselemente im Bild: Geschirr, Wasserglas (beides ASA)

1

2

3

» 1 Den Rand der Schale mit doppelseitigem Transparentklebeband bekleben und ein Glas mittels Heißkleber in der Schale befestigen. 2 Dann Wollschnur immer über die Mitte am Glasstiel vorbei um die Schale als spätere Steckhilfe wickeln. Durch das vorher angebrachte Klebeband kann nichts verrutschen. 3 Nun die Schale mit Wasser befüllen und die Werkstoffe zwischen die Schnüre einstellen, dabei auch der kurz geschnittene und durch kurzes Tauchen in heißes Wasser an der Schnittfläche versiegelte Schnitt-Weihnachtsstern.

1 Drei Kiefernzapfen jeweils zusammen andrahten. 2 Mehrere dieser 3er-Gruppen zusammenfügen, indem man immer wieder den Wickeldraht durch die Schuppen führt. 3 Dieses Grundgerüst auf ein wassergefülltes Glasgefäß klemmen und die Blüten durch die Zwischenräume einarbeiten.

Euphorbia pulcherrima (Stars for Europe) · *Nerine bowdenii* · *Pinus nigra* · *Rosa virginiana* · *Viscum album*

Glasgefäß · Wickeldraht (BUCO)

Zeit 15 min · **Höhe** 30 cm · **Durchmesser** 26 cm

Dekorationselemente im Bild: Geschirr, Holzlöffel (beides ASA)

Eucalyptus polyanthemos, Euphorbia pulcherrima (beides Stars for Europe) · *Picea abies* · *Pinus nigra* · *Viscum album*

Glasgefäße · Schnur · Wickeldraht (BUCO)

Zeit 8 min · **Höhe** 30 cm · **Durchmesser** 15 cm

Maßangaben für ein Werkstück

Dekorationselemente im Bild: Geschirr, Wasserglas, Becher (alles ASA) · Kerzenhalter (Hübsch)

» Zu den Produkten von Stars for Europe siehe Seite 74–75.

Kreative KERZENHALTER

Berzelia galpinii · *Larix decidua* · *Sempervivum* Cultivar · Zapfen · Ranken · Zimt · Sternanis

Kerze (Wiedemann) · Kerzenhalter · Sterne · Drahtmaus · Holzspießchen · Wellendrahtring (BUCO)

Trockenblumensteckschaum-Kugel, Heißkleber (beides OASIS® Floral Products)

Zeit 20 min · **Höhe** 34 cm · **Breite** 25 cm · **Tiefe** 15 cm

Berzelia galpinii · *Pinus nigra* · *Pinus strobus* · *Sempervivum* Cultivar · Zimtstange

Kerze (Wiedemann) · Kerzenhalter · Wickeldraht, Steckdraht (beides BUCO) · Sterne

Trockenblumensteckschaum-Kugel, Sprühkleber, Heißkleber (alles OASIS® Floral Products)

Zeit 25 min · **Höhe** 27 cm · **Durchmesser** 34 cm

1 Für den Drahtkorb zunächst elf Steckdrähte zusammennehmen, in der Mitte mit Wickeldraht fest umwickeln, dann strahlenförmig auseinanderbiegen und um 90 Grad nach außen biegen. Dann den Wickeldraht durch die Steckdrähte weben bis oben hin, sodass ein Korbgeflecht entsteht. 2 Den Drahtkorb mit Wasser ansprühen, damit er eine rostige Patina bekommt. Anschließend viel Wickeldraht abspulen, diesen knautschen und über eine halbierte Steckschaum-Kugel legen. Den Drahtkorb mit seinem Stiel in die Kugel stecken. 3 Nun die Kiefernnadeln mithilfe von Sprühkleber auf der Halbkugel fixieren und die übrigen Werkstoffe und Materialien ergänzen, zum Schluss die Kerze in den Korb einstellen.

1

2

3

Sempervivum Cultivar · Malvenfasern · Zimtrinde · Zimtstreusel

Schnur (Vivant) · Wolle · Schlagmetall · Kerzen · Kerzenhalter · Holzleim · Flaschen · Stecknadeln · Holzspießchen

Trockenblumensteckschaum-Kugel, Trockenblumensteckschaum-Zylinder, Sprühkleber, Heißkleber, doppelseitiges Transparentklebeband (alles OASIS® Floral Products)

Zeit 15 min · **Höhe** 55 cm · **Durchmesser** 12 cm

Maßangaben für ein Werkstück

1 Mit dem Apfelausstecher ein Loch in eine Trockenblumensteckschaum-Kugel bzw. in einen -Zylinder bohren. 2 Dann die Kugel bzw. den Zylinder auf den Flaschenhals stecken. 3 Nun die beiden Formen jeweils mit verschiedenen Materialien oder Werkstoffen bekleben oder diese umwickeln und mittels Nadeln fixieren. Dann Zimt zerkleinern und mithilfe von Holzleim die übrige Flaschenoberfläche damit bekleben. Die Werkstücke teilweise mit Schlagmetall vergolden. Zum Schluss die Kerzenhalter in die Trockensteckschaum-Formen stecken und die Kerzen hinzufügen.

Berzelia galpinii · *Pinus nigra* · *Pinus strobus* · Zimtrinde · Sternanis · Moos

Schnur (Vivant) · Sterne · Kerze · Vase · Splittstab · Sand

Trockenblumensteckschaum-Zylinder, Heißkleber, Kerzenhalter (alles OASIS® Floral Products)

Zeit 12 min · **Höhe** 49 cm · **Breite** 9 cm · **Tiefe** 10 cm

alle Angaben für ein Werkstück

Dekorationselemente im Bild: Becher, Geschirr (beides ASA)

Pinus nigra · *Pinus strobus* · *Nigella damascena* · *Berzelia galpinii* · *Galium aparine* · Malvenfaser · Zimt · Sternanis

Kerze (Wiedemann) · Kerzenhalter · Sterne · Schlagmetall · Myrtendraht (BUCO)

Trockenblumensteckschaum-Kugel, Trockenblumensteckschaum-Kegel, Heißkleber, Sprühkleber (alles OASIS® Floral Products)

Zeit 15 min · **Höhe** 52 cm · **Durchmesser** 18 cm

Nigella damascena · *Pinus nigra* · *Pinus strobus* · Rinde · Moos · Zimt · Sternanis

Kerze · Kerzenhalter · Sterne

OASIS® NatureSource™ Blumensteckschaum, Heißkleber (beides OASIS® Floral Products)

Zeit 18 min · **Höhe** 46 cm · **Breite** 15 cm · **Tiefe** 12 cm

! **Da weiche und sehr dünne Stiele eingesteckt werden, kann hierfür auch der OASIS® IDEAL Frischblumensteckschaum verwendet werden.**

» 1 An einer Seite eines OASIS® NatureSource™-Ziegels die Ecken mithilfe eines Steckschaummessers abrunden. 2 Dann mittels Heißkleber die Außenseite des Ziegels mit Rinde bekleben. 3 Nun *Nigella* und Kiefernnadeln auf die noch freien Flächen stecken, ggf. Stecklöcher mithilfe von Splittstäben vorbohren. Ebenso die weiteren Materialien einarbeiten. Zum Schluss das Werkstück mit der abgerundeten Seite nach oben aufstellen, einen Kerzenhalter fixieren und die Kerze aufstellen.

» **Zu den Produkten von Smithers-Oasis siehe Seite 70–71.**

Adventskränze FÜRS OFFICE

Berzelia galpinii · Eucalyptus polyanthemos · Eucalyptus robusta · Ilex aquifolium · Pinus strobus · Pinus sylvestris · Protea nana · Quercus ilex · Taxus baccata · Astscheibe

Wollschnur (Lehner) · Kerzen (Wenzel) · Kerzenhalter · Wickeldraht (BUCO)

Frischblumensteckschaum-Kranz mit Hartschaumunterlage (OASIS® Floral Products)

Zeit 40 min · **Höhe** 120 cm · **Durchmesser** 65 cm

Pinus strobus · *Pinus sylvestris* · Moos

Schnur (Vivant) · Kerzenhalter · LED-Kerzen (Piffany) · Steckdraht, Gestaltungsrahmen, Haften (alles BUCO)

Frischblumensteckschaum-Kranz mit Drahtgitter und Holzunterlage, wasserfestes Klebeband, Befestigungsstifte mit Klebepad (alles OASIS® Floral Products)

Zeit 40 min · **Höhe** 150 cm · **Durchmesser** 75 cm

1 Zunächst Schnüre im Abstand von ca. 3 cm rundum an einem runden Gestaltungsrahmen festknoten und anschließend auf gleicher Länge mittig im oberen Bereich zusammenbinden. 2 Den Metallring mit wasserfestem Klebeband auf den Frischblumensteckschaum-Kranz kleben. 3 Nun den Kranz mittels Haften mit Moos bedecken, Kiefernzweige locker rundherum einstecken, die Zapfen angedrahtet mit einarbeiten und die Kerzenhalter mithilfe der angeklebten Befestigungsstifte einstecken. Den Kranz aufhängen und die LED-Kerzen ergänzen.

Berzelia abrotanoides · *Pinus nigra* · *Pinus sylvestris* · *Protea nana* · Astscheiben

Kerzen (Wenzel) · Kerzenhalter · Holzschale

schwarzer Frischblumensteckschaum-Kranz mit schwarzer Recycling-Kartonunterlage, Sprühkleber (beides OASIS® Floral Products)

Zeit 25 min · **Höhe** 65 cm · **Durchmesser** 25 cm

Dekorationselemente im Bild: Becher (ASA)

1 Zunächst vier Kerzenhalter mit langem Steckdorn durch den Frischblumensteckschaum-Kranz stechen. 2 Dann kleine Astscheiben durchbohren und diese zur Fixierung des Kranzes auf der Unterseite der Kranzunterlage auf die Dornen schieben. Nun die Dornen in eine umgedrehte Holzschale stecken, die als Standfuß dient. 3 Den gewässerten Kranz mit Werkstoffen bestecken und Kiefernnadeln mithilfe des Sprühklebers einkleben. Zum Schluss die Kerzen einstellen.

Pinus nigra

Kerzen (Wenzel) · Kerzenhalter · Tablett · Strohrömer

schwarzer Frischblumensteckschaum-Ring mit schwarzer Recycling-Kartonunterlage, Sprühkleber (beides OASIS® Floral Products)

Zeit 30 min · **Höhe** 45 cm · **Durchmesser** 38 cm

Dekorationselemente im Bild: Teekanne, Becher (beides ASA)

Berzelia abrotanoides · Eucalyptus polyanthemos · Eucalyptus robusta · Pinus nigra · Pinus strobus · Pinus sylvestris · Protea nana · Aststücke

Kerzen (Wenzel) · Kerzenhalter · Schrauben · Unterlegscheiben

Frischblumensteckschaum-Kranz mit Holzunterlage (OASIS® Floral Products)

Zeit 35 min · **Höhe** 50 cm · **Durchmesser** 54 cm

Berzelia galpinii · Eucalyptus polyanthemos · Eucalyptus robusta · Pinus strobus · Pinus sylvestris · Astscheiben

Kerzen (Wenzel) · Kerzenhalter · Bindedraht (BUCO) · Schrauben · Unterlegscheiben

OASIS® BIOLIT® NatureSource™ Blumensteckschaum-Ring mit kompostierbarer Recyclingkarton-Unterlage (OASIS® Floral Products)

Zeit 35 min · **Höhe** 36 cm · **Durchmesser** 44 cm

1 Zunächst an vier Stellen Schrauben mit Unterlegscheiben durch den NatureSource™-Steckschaum-Ring bohren und eine Astscheibe von unten dagegen legen, sodass die Schrauben wie Füße wirken, auf denen der Kranz steht. 2 Die sichtbar herausstehenden Schrauben mit Bindedraht umwickeln. 3 Nun den gewässerten Steckschaum-Ring mit den Werkstoffen bestecken und die Kerzen mit Haltern einarbeiten.

» Zu den Produkten von Smithers-Oasis siehe Seite 70–71.

Sträuße im „Christmas Silence“-Style

Anthriscus sylvestris · *Brunia laevis* · *Clematis* 'Amazing®Kibo' (Marginpar) · *Dianthus caryophyllus* · *Gossypium herbaceum* · *Helleborus niger* · *Helleborus orientalis* 'Magnificent Bells' · *Lunaria annua* · *Pinus nigra* · *Vanda* Cultivar

Wickeldraht, Steckdraht (beides BUCO) · Bindebast · Kunststoffröhrchen · Splittstab · Vase (D&M)

Floraltape (OASIS® Floral Products)

Zeit 15 min · **Höhe** 42 cm · **Durchmesser** 38 cm

Dekorationselemente im Bild: Kerzenhalter, Vase (beides Gasper)

„Christmas Silence“ heißt einer der vier neuen X-Mas-Trends. Dieser Style zeichnet sich durch zurückhaltende Farben, weiche Formen und taktile Materialien aus. Sträuße in diesem Trendstil haben helle bis pastellige Blumen mit etwas Wintergrün – beste Gewähr, dass keinerlei Winterblues aufkommen kann!

Corokia cotoneaster · *Gossypium herbaceum* · *Helleborus orientalis* 'Magnificent Bells' · *Lunaria rediviva* · *Muscari armeniacum* · *Nemesia strumosa* · *Papaver somniferum* · *Pinus nigra*

Vase (ASA) · Pappe · Steckdraht (BUCO) · Bindebast

Heißkleber, Kunststoff-Tape (beides OASIS® Floral Products)

Zeit 15 min · **Höhe** 41 cm · **Durchmesser** 28 cm

Dekorationselemente im Bild: Tasse (ASA) · Kerzenhalter (Hübsch)

Anthriscus sylvestris · *Brunia laevis* · *Clematis* 'Amazing®Kibo' (Marginpar) · *Dianthus caryophyllus* · *Helleborus orientalis* · *Hippeastrum* Cultivar 'Artic Nymph' · *Hippeastrum* Cultivar 'Dance Valley' · *Phalaenopsis* Cultivar · *Polianthes tuberosa* · *Senecia cineraria* 'Full Moon' · Gräser

Vase (ASA) · Bindebast

Zeit 15 min · **Höhe** 79 cm · **Durchmesser** 45 cm

Dekorationselemente im Bild: Vase (ASA) · Pouf (Gasper)

Acer rubrum · *Brunia laevis* · *Helleborus orientalis* · *Nerine bowdenii* · *Oncidium* Cultivar · *Papaver somniferum* · *Polianthes tuberosa*

Vase (ASA) · Band · Bindebast

Zeit 10 min · **Höhe** 68 cm · **Durchmesser** 45 cm

Dekorationselemente im Bild: Windlicht, Tablett (beides Gasper)

Clematis 'Amazing®Kibo' (Marginpar) · *Helleborus orientalis* 'Magnificent Bells' · *Nerine bowdenii* · *Oncidium* Cultivar · *Polianthes tuberosa* · *Papaver somniferum* · Zweige

Vase (ASA) · Band · Bindebast

Zeit 10 min · **Höhe** 62 cm · **Durchmesser** 38 cm

Dekorationselemente im Bild: Decke, Pouf (beides Gasper)

Brunia laevis · *Clematis vitalba* · *Hippeastrum* Cultivar 'Mocca' · *Lunaria rediviva* · *Ozothamnus diosmifolius* · *Papaver somniferum* · *Phalaenopsis* Cultivar · *Senecia cineraria* 'Full Moon'

Vase (ASA) · Bindebast

Zeit 10 min · **Höhe** 82 cm · **Durchmesser** 40 cm

Dekorationselemente im Bild: Kerzenhalter (Hübsch)

Helleborus im NATÜRLICHEN LOOK

Helleborus niger 'Verboom Beauty' (Kwekerij Verboom) · *Pinus mugo* · Moos · Zapfen · Ranken · Ast

Schale (OOhh Lübech Living) · Glaskugeln (Inge's Christmas Decor) · Myrtendraht (BUCO)

Zeit 12 min · **Höhe** 30 cm · **Durchmesser** 35 cm

Dekorationselemente im Bild: Becher (ASA) · Leuchter (OOhh Lübech Living)

Galium aparine · *Helleborus niger* 'Verboom Beauty' (Kwekerij Verboom) · *Pinus niger* · *Pinus strobus* · Moos · Äste · Zweige

Schale · Glaskugeln (Inge's Christmas Decor) · Papierwickeldraht, Myrtendraht, Steckdraht, Haften (alles BUCO)

Zeit 20 min · **Höhe** 30 cm · **Durchmesser** 60 cm

Wie diese Pflanzung gefertigt wird, zeigt das Video unter: **blooms.de/helleborus-pflanzung**

1 Die Christrosenpflanzen austopfen und den Wurzelballen mithilfe von Moos und Myrtendraht in Kokedama-Technik umwickeln. 2 An einigen Moosummantelungen kleine Kiefernzweige durch die Drahtwicklungen stecken. So mit fünf bis sechs Pflanzen verfahren. 3 Einige Äste und Zweige quer in die Schale einarbeiten, ggf. mit Papierwickeldraht aneinander befestigen. Die Pflanzen in die Zwischenräume einfügen. Zapfen andrahten und einfügen, die Kugeln mit Haften feststecken.

Helleborus niger 'Verboom Beauty' (Kwekerij Verboom) · Flechtenzweige · Baumstammstück

Stern · Schnur · Blechdose · Nägel · Myrtendraht (BUCO)

Zeit 15 min · **Höhe** 62 cm · **Durchmesser** 20 cm

Dekorationselemente im Bild: Becher, Teekanne (beides ASA) · Kerze (Wenzel)

» 1 Eine Blechdose mit Flechten umwickeln und die Christrose darin einpflanzen. 2 An ein Baumstammstück nach oben hin lange Flechtenzweige mit Nägeln befestigen. 3 Die bepflanzte Blechdose zwischen die Zweige auf den Baumstamm klemmen und den Stern mithilfe eines Nagels am Baumstamm fixieren.

Cupressus sempervirens · *Helleborus niger* 'Verboom Beauty' (Kwekerij Verboom) · *Hypogymnia physodes* · Flechtzweige

Glasgefäß (DutZ Collection) · Myrtendraht (BUCO)

Zeit 10 min · **Höhe** 45 cm · **Durchmesser** 20 cm

alle Angaben für ein Werkstück

Betula pendula · *Helleborus niger* 'Verboom Beauty' (Kwekerij Verboom) · Moos · Zapfen · Aststück, Zweige

Glasgefäß · Strohstern · Schnur · Myrtendraht (BUCO)

Zeit 15 min · **Höhe** 60 cm · **Durchmesser** 35 cm

Dekorationselemente im Bild: Kerzen (Wenzel)

Cupressus sempervirens · *Helleborus niger* 'Verboom Beauty' (Kwekerij Verboom) · Moos · Birkenrinde

Metallgefäß · Glasschale

Zeit 15 min · **Höhe** 32 cm · **Durchmesser** 25 cm

Dekorationselemente im Bild: Kerzen (Wenzel)

Galium aparine (getrocknet) · *Helleborus niger* 'Verboom Beauty' (Kwekerij Verboom) · *Pinus strobus* · Baumstammscheiben · Moos

Schale

Zeit 15 min · **Höhe** 42 cm · **Durchmesser** 40 cm

Dekorationselemente im Bild: Schalen (Serax)

Helleborus niger 'Verboom Beauty' (Kwekerij Verboom) · *Juniperus squamata* · *Lonicera henryi* · Moos

Schale

Zeit 18 min · **Höhe** 38 cm · **Durchmesser** 40 cm

1 Zunächst Ranken zu einem Kranz winden. Dann eine Schale mit Christrosen bepflanzen und die Erde mit Moos abdecken. 2 Den Kranz um die Schale legen und weitere Ranken dekorativ um das Werkstück wickeln. 3 Zum Schluss Wacholderzweige durch die Ranken ziehen.

1

2

3

» Zu den Produkten von Kwekerij Verboom siehe Seite 76–77.

FREIHEIT floristisch interpretiert

CHRISTOPHER ERNST heißt der neue deutsche Meister der Floristen. Er hatte beim floristischen Wettbewerb um die deutsche Meisterschaft die Nase vorn. Seine Pflanzarbeit zu dem Thema „Freiheit" errang in Berlin am 20. August sogar 95,5 von 100 Punkten.

Christopher Ernst, der hessisch-thüringische Kandidat, ließ sich von der vielseitig lebenden Natur inspirieren. Für ihn ist die Pflanzenwelt so reichlich, was er mit den drei Ebenen unterstrich: die wassernahe Pflanzenwelt, eine mediterrane Landschaft sowie eine Wüstenwelt mit Sukkulenten und trockenheitsresistenten Pflanzen. Diese Vielseitigkeit, das Regenerierende, das fließende Wasser und die damit verbundenen Kräften bedeuten für ihn Freiheit.

Christopher Ernst, Gewinner der DMF 2022.

Vier Arbeiten waren bei dem spannenden Wettbewerb von den neun Teilnehmenden zu fertigen: die Pflanzarbeit, ein Raumschmuck, ein Strauß zum Thema „Freiheit" sowie eine Überraschungsarbeit, die schwimmen musste. Und das sind die Platzierungen:

1. **Christopher Ernst,** Floristik Creativ, Kindelbrück (Hessen-Thüringen)
2. **Martin Neumann,** Floralwerk Dessau-Roßlau (Sachsen-Anhalt)
3. **Andreas Müssig,** Blumen am Rathaus, Murnau (Bayern)
4. **Natascha Hein,** Blumen Dahlmann, Münster (Nordrhein-Westfalen)
5. **Rocco Wustmann,** FloralArt, Dohma (Sachsen)
6. **Lisa Mayer,** Blumen Sonn, Ostfildern-Nellingen (Baden-Württemberg)
7. **Thomas Salzig,** Stefanie Kehr-Floristik & Interieur, Hamburg (Hamburg, Schleswig-Holstein)
8. **Thi Phuong Nhung Nguyen,** In voller Blüte, Berlin (Berlin-Brandenburg)
9. **Rieke Steinbeck,** Floristik und Gärtnerei Thöming, Hoya (Niedersachsen)

Natur besiedelt jeden Raum, wenn man sie lässt. Natur ist frei, drückt **Andreas Müsing,** der bayerische Kandidat, mit seiner Pflanzung aus. Mehrere verrostete Metallkästen in unterschiedlichen Ebenen bepflanzte er mit verschiedenen Wildpflanzen.

Rieke Steinbeck, die niedersächsische Kandidatin, schuf den Betrachtenden einen Eindruck von einem verlassenen Fabrikgebäude. Schon nach kurzer Zeit verwildert die Natur und holt sich ihren Raum zurück.

Freiheit reißt Mauern ein, denn die Natur lässt sich nicht eingrenzen, sie sprengt Begrenzungen, bringt auch **Natascha Hein,** Kandidatin aus Nordrhein-Westfalen, zum Ausdruck. Angelehnt an die Berliner Mauer interpretierte ihre Pflanzarbeit den Freiheitsdrang der Menschen zur Zeit der Wende in Deutschland.

Der neu gekürte beste deutsche Floristmeister Christoper Ernst löste damit den seit 2018 amtierenden Michael Liebrich aus Baden-Württemberg ab. Dieser konnte noch eine Woche später Deutschland beim Europa-Cup im polnischen Kattowice vertreten und einen respektablen dritten Platz erzielen.

Der sächsische Kandidat **Martin Neumann** inszenierte den heimischen Wald, dem Brände, Sturmschäden, Müll und Schutt zugesetzt haben. Doch gibt man der Natur Zeit, wird sie die Freiheit beherzt ergreifen und sich nach ihrem eigenen Sinne wieder neu gestalten.

365 Tage blühende Momente
ZUM WIEDERVERKAUF

Wandkalender

BLOOM's
Blühende Momente 2023

12 Motive, Format 34,5 x 48 cm,
Text deutsch, Spiralbindung
€ (D) 16,90 | € (A) 16,90 | SFR (CH) 21,90
ISBN 978-3-96563-080-2

Ihr Vorteil auf einen Blick:

Rabattstaffel für den Wiederverkauf:

ab 5 Stück:	35 %
ab 10 Stück:	40 %
ab 20 Stück:	45 %

+ jeweils 1 Freiexemplar bei Erstbestellung von mindestens 5 Stück

Der neue BLOOM's-Wandschmuckkalender **„Blühende Momente"** besticht durch traumhafte Nahaufnahmen von Blütendetails. Farben oder Formen, die oft in der Gesamtheit eines Straußes oder Blumenarrangements weniger beachtet oder wahrgenommen werden, gewinnen an Dimension und Schönheit. Kalenderblatt für Kalenderblatt offenbaren sich neue Sichtweisen und faszinierende Blickwelten.

Weitere Informationen unter:
blooms.de/wiederverkauf

Bestellung: **0800 0 256667** (kostenlos für Anrufer aus Deutschland)
0049 2102 9644-0 (für Anrufer aus dem Ausland)
online: **blooms.de/shop** oder per Mail: **info@blooms.de**

BLOOM's
MEDIEN | MARKETING | EVENTS

Hallo Amaryllis!

Wie bei kaum einer anderen Schnittblume verbindet sich mit der Amaryllis ein lebendiger Prozess des Genießens. Denn wer den blattlosen Schaft dieses Zwiebelgewächses mit seinen Blütenknospen am Ende in die Vase stellt, wird bereits nach zwei bis drei Tagen einen Blütengenuss par excellence erleben! Im Erblühen und Sich-öffnen entfalten die Blütenkelche ihre ganze Schönheit. Und die Blühkraft hält 10 bis 14 Tage lang an. Amaryllis in vielen Farben und Formen sind aus niederländischen Züchtungsbetrieben in den Monaten Oktober bis April erhältlich.

» Zur floristischen Verwendung der Produkte siehe Seite 04–11.

Hippeastrum Cultivar 'Arctic Nymph'

Hippeastrum Cultivar 'Autumn Valley'

Hippeastrum Cultivar 'Bentley'

Hippeastrum Cultivar 'Bouquet'

Hippeastrum Cultivar 'Challenger'

Hippeastrum Cultivar 'Charisma'

Hippeastrum Cultivar 'Dance Valley'

Hippeastrum Cultivar 'Exotic Nymph'

Hippeastrum Cultivar 'Mocca'

Folgt Amaryllis in den sozialen Medien über **Facebook: @AmaryllisInfo** und **Instagram: @amaryllis.info** und erlebt den faszinierenden Zauber dieser Blumen. Oder besucht die **Website: amaryllisinfo.eu.**
Tipp: Ladet das anschauliche Sortimentsposter herunter (amaryllinfo.eu). Hier erfahrt Ihr, welche Amaryllis-Sorten zu welcher Jahreszeit erhältlich sind.

Amaryllis
AMARYLLISINFO.EU

VERKAUFSKONZEPT IN KW 45 – 46

FESTTAGSFREUDE

Landgard®

MÄRCHENHAFTE GRÜSSE FÜR DIE WEIHNACHTSZEIT

Zum Jahresende verwandelt das Adventskonzept „Festtagsfreude" die Wohnung und den winterlichen Garten in eine stimmungsvolle Märchenlandschaft. Folkloristische Farben und Motive interpretieren im Zusammenspiel mit Saisonklassikern wie Amaryllis, *Helleborus*, Poinsettien, *Phalaenopsis*, *Chamaecyparis* und *Cyclamen* das Feiertagsthema einmal auf andere Weise – und wecken zugleich die Sehnsucht nach Spaziergängen durch den verschneiten Winterwald.

1. DECKENHÄNGER
Runder Deckenhänger als verspielte Dekoration am POS
- 50 cm Durchmesser
- Hohlkammerplatte
- 4/4-farbig
- konturgeschnitten mit zwei Bohrlöchern oben

2. TISCHAUFSTELLER METALLFUSS
Tischaufsteller mit edlem Metallfuß aus Edelstahl
- 45 x 70 cm, 4/4, inkl. Edelstahlfuß 21 0x 45 x 100 cm
- 10 mm Hartschaumplatte
- 4/4-farbig

3. TISCHSCHÜRZE
Tischschürze zur Dekoration von Präsentationstischen
- 1050 x 25 cm, Klettband und Flauschband 2,5 cm oben
- 4/0-farbig

4. THEKENAUFSTELLER
Thekenaufsteller aus Acrylglas
- DIN A3, Acrylglas 2 mm
- inkl. 1 Stück, DIN A3-Plakat 4/4-farbig, 250g glänzend

5. DECKENBANNER
Großformatiger Deckenbanner im Querformat
- 300 x 150 cm
- Fahnenstoff
- 4/0-farbig

6. HISSFLAGGE
Hissflagge für die Outdoor-Werbung
- 150 x 400 cm
- Fahnenstoff
- Druck scheint spiegelverkehrt durch

7. TISCHAUFSTELLER DREISEITIG
Aufsteller für den POS
- Format offen 70 x 70 cm, rückseitig gefalzt, 3-seitig zu je 22,5 x 70 cm zzgl. 2,5 cm Lasche, inkl. doppelseitigem Klebeband
- 4/0-farbig

» Zur floristischen Verwendung der Produkte siehe Seite 12–21.

8. PLAKAT
Konzeptplakat im Hochformat
- DIN A1, 135 g/m²
- 4/0-farbig

9.

11.

8.

10.

9. DEKOBANNER
Dekobanner als Bestandteil der Präsentation am POS
- 80 x 190 cm, Hohlsaum oben und unten
- 4/4-farbig
- alternativ mit Stab und Kordel

11. 18/1 PLAKAT
XXL-Plakat für besonders große Flächen
- 356 x 252 cm
- 120 g/m² Affichen
- 4/0-farbig

10. POSTKARTE
Konzept-Postkarte zum Mitnehmen
- DIN A6
- 300 g/m² Chromokarton mit 1,4-fachem Volumen
- 4/4-farbig

PFLANZENPORTFOLIO

Topfpflanzen
- *Phalaenopsis*
- *Hippeastrum/* Amaryllis
- *Chamaecyparis thyoides* 'Top Point'
- *Helleborus*
- *Cyclamen*

Schnittblumen
- *Rosa* 'Red Naomi'
- *Hippeastrum/* Amaryllis
- *Ilex aquifolium*

Abgestimmt zu den Konzepten werden in jedem C&C Markt passende Topf-Pflanzen, Convenience-Artikel sowie Schnittblumen und Dekoartikel angeboten.

Alle aufgeführten Werbemittel erhaltet Ihr unter **landgard-werbemittel.de**

Floristikbedarf von Smithers-Oasis

OASIS® BLACK BIOLIT® Ring

schwarz, mit schwarzer Recycling-Kartonunterlage
H 3,5 cm, Ø 18 cm, Art.-Nr. 11-07355
H 4,5 cm, Ø 24,5 cm, Art.-Nr. 11-07356
H 5,5 cm, Ø 32 cm, Art.-Nr. 11-07357
H 5,5 cm, Ø 39 cm, Art.-Nr. 11-07358

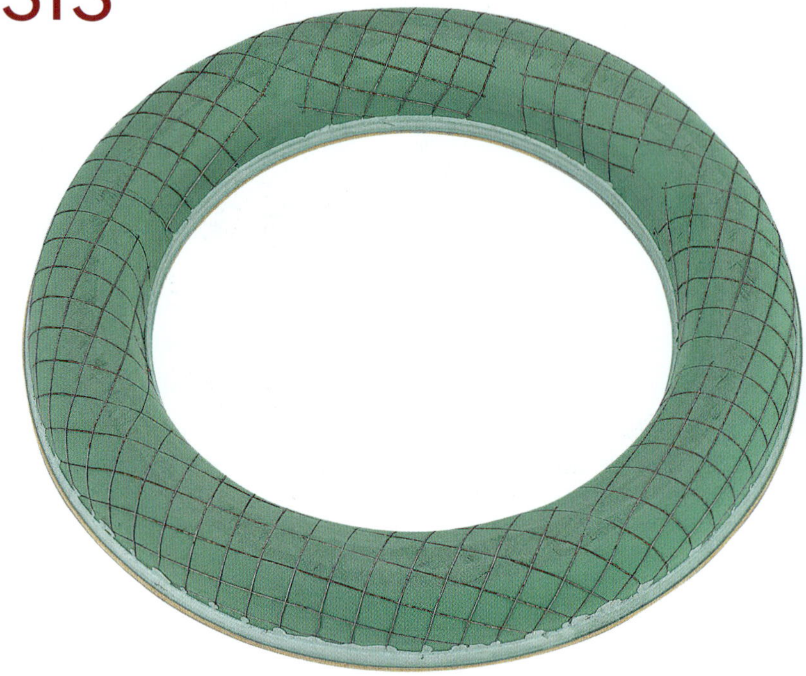

OASIS® bioFLOR Kranz

grün, mit OASIS® PREMIUM Frischblumensteckschaum, Holzunterlage und Rundum-Drahtgitter
H 7 cm, Ø 56 cm, Art.-Nr. 11-07370

OASIS® FOAM FRAMES Kranz

grün, mit wasserfestem Hartschaumboden
H 6 cm, Ø 40 cm, Art.-Nr. 11-08204
H 6 cm, Ø 50 cm, Art.-Nr. 11-08206

OASIS® BIOLIT® NatureSource™ Ring/Kranz

braun, aus 20 % biobasierten Rohstoffen* hergestellt (* DIN EN ISO 14021 weist 20 % biobasierte Inhaltsstoffe nach, davon sind 13 % nachgewiesener biobasierter Kohlenstoff nach DIN EN 16785-1, Prüfstelle TÜV Rheinland), mit Unterlage aus 100 % recyceltem Altpapier, kompostierbar und biologisch abbaubar
H 5,5 cm, Ø 32 cm, Art.-Nr. 11-07008 (Ring)
H 5,5 cm, Ø 39 cm, Art.-Nr. 11-07009 (Ring)
H 6 cm, Ø 44,5 cm, Art.-Nr. 11-07010 (Kranz)

» Zur floristischen Verwendung der Produkte siehe Seite 22–29 und 38–49.

OASIS® BLACK BIOLIT® Kranz

schwarz, mit schwarzer Recycling-Kartonunterlage
H 6 cm, Ø 44,5 cm, Art.-Nr. 11-07359
H 6 cm, Ø 51 cm, Art.-Nr. 11-07360

OASIS® BIOLINE® Kranz 2er-Set

grün, mit stabiler Holzunterlage
H 6 cm, Ø 44 cm, Art.-Nr. 11-00035

NEU

OASIS® TerraBrick™ Floral Media

OASIS® TerraBrick™ Floral Media ist ein pflanzenbasiertes Naturprodukt: Es besteht aus nachwachsenden Naturkokosfasern und einem kompostierbaren Bindemittel. OASIS® TerraBrick™ Floral Media ist vom TÜV Österreich als OK compost HOME und OK compost INDUSTRIAL zertifiziert.
Art.-Nr. 10-20500

OASIS® NatureSource™ Maxlife Blumensteckschaum Ziegel

braun, aus 20 % biobasierten Rohstoffen* hergestellt (* DIN EN ISO 14021 weist 20 % biobasierte Inhaltsstoffe nach, davon sind 13 % nachgewiesener biobasierter Kohlenstoff nach DIN EN 16785-1, Prüfstelle TÜV Rheinland), 23 x 11 x 7,5 cm
1 Stück, Art.-Nr. 10-01121
10 Stück, Art.-Nr. 10-01122
20 Stück, Art.-Nr. 10-01100
35 Stück, Art.-Nr. 10-01101

Steckigel

silber/ messing, zum Arrangieren von Schnittblumen nach traditioneller Ikebana-Technik. Die Schnittblumen können ganz einfach auf die Messing-Pins gesteckt werden. Durch die metallhaltige Basis wird das Arrangement entsprechend beschwert und stabilisiert, auch in einem Gefäß mit Wasser.
Ø 3,75 cm, Art.-Nr. 45-03080
Ø 5 cm, Art.-Nr. 45-03081
Ø 6,25 cm, Art.-Nr. 45-03082
Ø 7,5 cm, Art.-Nr. 45-03083

SCHÖNHEIT UND TROST

Die Kraft der Blumen liegt in dem Gefühl, das sie vermitteln. Floristinnen und Floristen zeigen am besten, wie sie mit ihren wunderschönen Kreationen Emotionen wecken können.
Dies erfordert jedoch Zeit. FleuraMetz hilft seinen Kunden, durch das gebündelte Angebot und die große Auswahl an Blumen, Pflanzen, Zubehör und einer Vielzahl von Anwendungsbeispielen und -Filmen, Zeit zu sparen.

Amaryllis

Mohnkapseln

Christrosen

Rosen

Inspirieren, entdecken, Kunde werden und bestellen

FleuraMetz möchte Dich dabei unterstützen, die schönsten Kreationen und Blumenarrangements zu gestalten. Im Webshop findest Du eine große Auswahl an Blumen, Pflanzen und Zubehör. Lege ein Kundenkonto an und entdecke das Angebot, das zu Dir passt. Besprich Deine Wünsche mit Deinem Ansprechpartner, aber lass Dich vor allem inspirieren.

FleuraMetz
Successful together

» Zur floristischen Verwendung der Produkte siehe Seite 22–29.

So präsentiert, sorgt es für mehr Umsatz

Tipps für Floristen und Gartencenterbetreiber, um die Kunden zu inspirieren

Jetzt kommt die Zeit der Weihnachtssterne. Inspirierende Präsentationen im Blumengeschäft oder Gartencenter mit den vielfältigen Sorten dieser Pflanze sind jetzt wichtig. Die Marketingexperten von Stars for Europe zeigen, wie Weihnachtssterne auffällig in Szene gesetzt werden können, damit sich Eure Kunden von diesem Produkt angesprochen fühlen.

Nutzt Euren Wettbewerbsvorteil

Wusstet Ihr, dass die Saison für Weihnachtssterne eigentlich im September und Oktober beginnt? Zu dieser Zeit sind die ungewöhnlicheren Herbstfarben wie Lachs-, Pfirsich-, Terrakotta-, Gelb- und Rougetöne erhältlich, während die traditionellen Rot- und Weißtöne erst später im Herbst und Winter erscheinen.

In den ersten Monaten haben kleinere Geschäftsgrößen wie Blumengeschäfte einen Wettbewerbsvorteil, denn die größeren Geschäftseinheiten wie beispielsweise Gartencenter müssen ihre Großbestellungen für Standard-Poinsettien lange im Voraus aufgeben und haben nicht die Flexibilität, eine solche Vielfalt an Sorten kurzfristig anbieten zu können. Floristen sollten also diesen Vorteil nutzen, indem sie frühzeitig diese ausgefalleneren Weihnachtsstern-Sorten anbieten und die Kunden erreichen, die etwas Neues suchen.

Weihnachtsstern-Blüten als Zweigschmuck

SfE hat den bekannten deutschen Fernsehfloristen Michael Frings aus Düsseldorf nach seinen Top-Tipps für eine aufmerksamkeitsstarke Ladenpräsentation gefragt. „Meiner Meinung nach ist es das Wichtigste, die Kunden mit etwas zu begeistern, das sie noch nicht kennen, wie mit Weihnachtssternen als Schnittblumen oder mit einer ungewöhnlichen Art der Verarbeitung, z. B. an einem Weihnachtsbaum oder als Schmuck an einem Zweig in der Vase. Schneidet dazu einige Scheinblüten des Weihnachtssterns jeweils mit einem ca. 4 cm langen Stiel ab, haltet die Schnittstellen kurz in 60 °C heißes und dann in kaltes Wasser, das stoppt das Ausbluten des Milchsaftes. Entfernt dann die Krönchen einiger Christbaumkugeln, füllt diese mit Wasser, steckt jeweils eine Weihnachtsstern-Blüte hinein und hängt die Weihnachtskugeln mit Draht oder Band an einen Weihnachtsbaum oder einen Zweig.

Fünf spezielle Pflegetipps für Einzelhändler

Weihnachtssterne haben zu Unrecht den Ruf, eine pflegeaufwändige Pflanze zu sein. Tatsächlich ist ihre Pflege aber ganz einfach, wenn man ein paar spezielle Tipps beachtet. Hier die wichtigsten Facts, die Ihr beherzigen solltet:

Tipp 1: Vermeidet Zugluft

Weihnachtssterne stammen aus den wärmeren Klimazonen Mittelamerikas und mögen keine Zugluft. Es ist daher wichtig, dass sie in Eurem Geschäft nicht vor offenen Türen oder Fenstern stehen und der Raum eine Temperatur von mindestens 12 °C hat. Das gilt auch für den Transport der Pflanze nach Hause zum Kunden: Die Pflanzen müssen in reichlich Papier eingepackt werden, damit keine Winterluft an sie herankommt.

» Zur floristischen Verwendung der Produkte siehe Seite 30–37.

Tipp 2: Gießt nach dem Sektglas-Trick

Der häufigste Grund für den Tod von Weihnachtssternen ist ein Zuviel an Wasser. Als tropische Pflanze brauchen Weihnachtssterne nicht viel Feuchtigkeit, daher ist weniger Gießen dafür öfter das A und O. Als Faustregel gilt: Ein Weihnachtsstern in einem 13er-Standardtopf braucht alle zwei bis drei Tage etwa 100 ml Wasser, also etwa so viel, wie in eine Sektflöte passt. Kleinere Töpfe benötigen entsprechend weniger, zum Beispiel ein Schnapsglas Wasser für einen Mini-Weihnachtsstern.

Übrigens: Gebt diese Sektglas-Empfehlung auch an Eure Kunden weiter, indem Ihr eine Sektflöte inmitten der Pflanzen ausstellt, mit einem Schild, auf dem der Trick erklärt wird!

Tipp 3: Denkt an die 15-Minuten-Regel

Weihnachtssterne mögen keine Staunässe. Leert daher immer 15 Minuten nach dem Gießen die Untersetzer oder den Übertopf, damit die Wurzeln nicht in der Flüssigkeit stehen. Alternativ könnt Ihr die Pflanze auch von unten gießen. Dazu gießt das Wasser direkt in den Untersetzer und wartet etwa 15 Minuten bis die Erde das Wasser aufgesogen hat. Wenn das Wasser schnell verschwindet, fügt etwas mehr hinzu. Wenn sich der Flüssigkeitsstand mehrere Minuten lang nicht verändert, hat die Pflanze genug Wasser aufgesogen und es ist Zeit, den Überschuss zu entsorgen.

Tipp 4: Beratet den Kunden

Ermutigt Eure Kunden zum Kauf eines Weihnachtssterns, indem Ihr sie mit fachkundiger Pflegeberatung von Stars for Europe schult. Ihr könnt dies auf vielen Wegen tun, von der Kommunikation auf Eurer Website und in den sozialen Medien bis hin zum Verteilen der Poster, Flyer oder Pflegekarten von Stars for Europe. Sprecht Eure Kunden auch direkt auf Weihnachtssterne an und gebt ihnen Hinweise zu deren Pflege. Das vermittelt Vertrauen, dass Ihr Euch mit Euren Pflanzen auskennt und Eure Kunden bei Euch in dieser Hinsicht gut aufgehoben und beraten sind.

Tipp 5: Nutzt die kostenlosen Werbemittel von SfE

Nutzt die kostenlos herunterladbaren Hilfsmittel von SfE und besucht die spezielle Stars-for-Europe-Website für den Handel www.sfe-trade.com. Hier findet Ihr hilfreiche Pflegesymbole und Poster, mit denen Ihr Euer Personal zur richtigen Pflege im Geschäft anregen könnt. Ihr könnt einen kostenlosen, vorgefertigten Newsletter mit Pflegetipps für Weihnachtssterne herunterladen und per E-Mail an Eure Kundendatenbank versenden. Ihr könnt die neuen Pflegevideos und -grafiken von SfE auch auf Euren Social-Media-Kanälen teilen, um Eure Kunden zu informieren. Stars for Europe bietet auch Werbematerial zum kostenlosen Download wie z. B. Pflegeflyer an, die Ihr ausdrucken und an Eure Kunden im Geschäft verteilen könnt.

Mehr Informationen findet Ihr unter: **starsuniteeurope.eu**

„Winter Angels" – eine einzigartige Besonderheit!

Die *Helleborus*-Special-Serie „Winter Angels" mit den Sorten 'Verboom Beauty' ist die herausragende Marke des niederländischen Gartenbau- und Züchtungsbetriebes Verboom und eine echte Allrounderin unter den *Helleborus*-Arten. Sie war ein einmaliger Zufallstreffer in den Züchtungsbemühungen, denn es handelt sich dabei um die einzigen *Helleborus*-Arten, die im Wohnzimmer blühen. Die Blüten sind kräftig und ein echtes Must-Have für drinnen und draußen. Die Pflanze muss mindestens 2,5 Jahre lang kultiviert werden, bevor sie zum Verkauf angeboten werden kann.

Die *Helleborus* 'Verboom Beauty' hat besondere Merkmale, bei denen Schönheit und Reinheit im Mittelpunkt stehen. Sie überzeugt mit einer klassischen Form kombiniert mit einer reinen Farbe und kräftigen Blüten.

Ihre besonderen Merkmale sind:

- 2½-jährige Kultivierung
- Vermehrung über Gewebekultur
- Eignung für drinnen und draußen
- winterhart
- perfekt für Arrangements
- Blühdauer von 6 bis 8 Wochen
- speziell geeignet für die Weihnachtssaison
- verfügbare Größen in 9er-, 10er-, 12er- und 14er-Töpfen

Winter Angels

FOR HOME & GARDEN

» Zur floristischen Verwendung der Produkte siehe Seite 54–61.

Pflegetipps

Wasser

Während der Blütezeit ist es wichtig, regelmäßig zu gießen. Achtet darauf, dass die Wurzeln der Pflanze nicht im Wasser stehen bleiben, da dies zu Wurzelfäule führen kann. Die zu verabreichende Wassermenge ist abhängig vom Standort und der Witterung.

Standort

Während der Blütezeit (rund um Weihnachten) kann die Pflanze drinnen oder draußen im Garten oder auf der Terrasse aufgestellt werden. Je kühler die Umgebung ist, desto länger wird die Pflanze blühen. Nach der Blütezeit im Haus kann die 'Verboom Beauty' im Frühjahr in den Garten oder in einen Topf für die Terrasse gepflanzt werden. Dies sollte erst geschehen, wenn die Gefahr von Nachtfrost vorrüber ist. Dadurch wird verhindert, dass die jungen Blätter erfrieren. Die Christrose bleibt draußen am schönsten, wenn die Pflanze nicht in voller Sonne steht. Dann bleibt auch die Farbe der Blätter besonders schön dunkel.

Düngung

Während der Blütezeit solltet Ihr dem Gießwasser flüssigen Universaldünger zufügen. Nach der Blüte ist für einen nährstoffreichen Boden zu sorgen und im Freiland sollte zweimal pro Jahr gedüngt werden. Dies geschieht am besten mit einem organischen Langzeitdünger, das erste Mal im zeitigen Frühjahr und das zweite Mal im September. Wenn die Pflanze in einem Topf steht, sollte sie einmal im Monat gedüngt werden.

Kwekerij VERBOOM

Follow us!

instagram.com/kwekerijverboom

facebook.com/kwekerij.verboom

linkedin.com/company/2321984

Erfahrt mehr über
www.winterangels.eu